AF498120

QUESTION DES FERS.

POLÉMIQUE

ENGAGÉE AVEC LE CONSTITUTIONNEL.

Paris

IMPRIMERIE DE A. GUYOT ET SCRIBE

RUE NEUVE-DES-MATHURINS, 18.

1860.

QUESTION DES FERS.

POLÉMIQUE

ENGAGÉE

AVEC LE CONSTITUTIONNEL.

Le *Moniteur industriel* avait publié, le 5 février, l'article suivant qui a été le point de départ de la polémique.

La Conspiration des chiffres.

Les libre-échangistes ont un moyen commode de servir leur cause : c'est de mettre en circulation les chiffres les plus erronés, les plus absurdes, avec cette espérance qu'en les reproduisant sans cesse ils finiront par les faire accepter de la masse du public.

Que d'erreurs, et des plus grossières n'ont-ils pas débitées, par exemple, sur les prétendus sacrifices que le tarif des fers impose aux consommateurs ! Un conseil général de département avait déclaré, il y quelques années, et le *Journal des Débats* s'était empressé de répéter que le tarif des fers n'imposait pas à l'agriculture une surcharge annuelle de moins de 200 millions. Or, vérification faite des documents fournis par l'Administration des mines, il se trouva que la France avait produit en 1849 une quantité de fer évaluée 73 millions. Comment l'agriculture pouvait-elle payer 200 millions de trop sur une consommation qui ne représentait que 73 millions pour tous les usages agricoles et industriels ? Les libre-échangistes, priés de vouloir bien expliquer ce calcul merveilleux, ont fait ce qu'ils font toujours en pareille occasion : ils n'ont pas répondu.

Est venu alors le *Journal des Économistes* qui a voulu présenter son évaluation. Dans un de ses numéros de 1854, il refit le calcul, et il arriva à cette conclusion, que les maîtres de forges avaient, à l'ombre de la taxe douanière, prélevé sur l'industrie et l'agriculture françaises la somme énorme de 2 milliards 110 millions, soit, en moyenne, plus de 75 millions par année.

Cette évaluation, pour être accompagnée d'un grand renfort de chiffres, n'était pas plus sérieuse, et M. Léon Talabot, ancien député, président du comité des forges, en fit bonne justice dans une brochure dont nous avons signalé les principaux résultats.

Voici cependant qu'un administrateur, qu'on devait regarder comme très-compétent en de semblables questions, vient reproduire à peu près les mêmes calculs que le *Journal des Économistes*, et cela sans paraître même se douter qu'ils reposent sur les bases les plus fausses, qu'ils renferment des erreurs à sauter aux yeux des hommes qui connaissent le moins l'industrie.

Ainsi M. Amé, directeur des douanes et des contributions indirectes de Bordeaux, dans un ouvrage qu'il a publié sous le titre d'*Études économiques sur les tarifs des douanes*, et qui en est à sa seconde édition, nous déroule à son tour des colonnes de chiffres d'où il résulte que le tarif des fers a coûté aux consommateurs français, depuis 1814 jusqu'en 1857, 2 milliard 500 millions. Et encore, s'il faut l'en croire, il a plutôt atténué que grossi les chiffres.

Comment la plume de M. le directeur des douanes de Bordeaux n'a-t-elle pas hésité au moment d'écrire des exagérations pareilles ?

La meilleure manière de les réfuter, c'est de mettre dans tout leur jour les incroyables procédés de calcul au moyen desquels M. Amé est parvenu à de tels résultats. Nous le prenons lui-même pour juge.

Une première erreur, c'est que M. Amé raisonne comme si l'écart entre le prix des fers en France et le prix des mêmes fers en Angleterre était égal au droit d'entrée en France. Or, il n'en est rien, et M. Amé doit le savoir aussi bien que nous. Par cela seul que le tarif empêchait les fers anglais d'entrer, les cours de nos fers se réglaient sous l'influence des lois de la concurrence intérieure, indépendamment de l'élévation du tarif.

Voyez un peu où l'on serait conduit avec le mode de raisonner employé par M. Amé et par ceux dont il s'est inspiré. Supposez que le tarif eût été triple ou quadruple de ce qu'il était réellement ; les cours des fers en France auraient été évidemment les mêmes, puisque la concurrence intérieure aurait agi dans les mêmes conditions. Or, M. Amé, en suivant son système, eût fait ressortir, entre les prix de France et ceux d'Angleterre, un écart trois ou quatre fois plus considérable, bien que cependant les prix réels fussent restés respectivement les mêmes dans les deux pays. Il se serait alors donné le plaisir de porter à 8 ou 10 milliards le sacrifice imposé aux consommateurs français. C'est là, si nous ne nous trompons, ce qu'on appelle en mathématique une démonstration par l'absurde.

Niera-t-on que les cours se soient réglés chez nous à des taux qui ne laissaient entre les prix des deux pays qu'un écart bien inférieur au montant du droit ? Mais les faits sont là. On n'a qu'à consulter les prix courants. Ainsi, en différentes circonstances, notamment en 1845, en 1846, en 1852, les fers se sont vendus à des prix égaux et même inférieurs à ceux qu'auraient coûtés les fers anglais entrant sans droit.

Si donc, comme le faisait observer M. Talabot, on voulait établir sérieusement ce qu'a coûté à l'industrie et à l'agriculture l'obligation où elles ont été de se fournir de fers français à l'exclusion de fers étrangers, eu égard à la protection des droits, il faudrait établir les différences réelles pour chaque époque, et comme, pour les années que nous venons d'indiquer, ces différences sont nulles, la consommation de ces trois années disparaîtrait du compte.

Voici, du reste, un tableau comparatif que M. Talabot avait dressé pour les dix années de 1845 à 1854, en supposant que tous les consommateurs de France eussent pu

acheter les fers anglais aux mêmes conditions qu'à Paris,
ce qui est absolument contraire à la vérité, plus des deux
tiers des consommateurs étant bien plus éloignés du marché anglais que Paris.

	Prix moyen des fers en Angleterre.	Transport et frais jusqu'à Paris.	Prix des fers anglais rendus à Paris.	Prix à Paris des fers français.		
1845.	230 »	40	270 »	270 »	» fr.	» c.
1846.	247 50	40	287 50	300 »	12	50
1847.	241 25	40	281 25	350 »	68	75
1848.	164 30	40	204 30	260 »	55	70
1849.	147 90	40	187 90	230 »	42	10
1850.	135 »	40	175 »	225 »	50	»
1851.	135 »	40	155 »	240 »	65	»
1852.	244 »	40	284 »	255 29	»	»
1853.	225 »	40	265 »	315 »	50	»
1854.	220 »	40	260 »	310 »	50	»

Total des différences . .	394 fr.	05 c.
A déduire par excédant des prix anglais. .	29	»
Reste	365	05
Moyenne pour dix ans	36	50

Ainsi, la vérité vraie et pratique, constatée d'après les
cours même des fers en barres dans les deux pays, c'est
que, quand on supposerait que toute la consommation
française s'est faite à Paris ou dans des conditions aussi
favorables qu'à Paris (par rapport au marché anglais); en
supposant encore que le négociant anglais, que les intermédiaires n'eussent tiré aucun avantage de leur situation,
et n'eussent rien gagné absolument sur le consommateur

français et l'eussent traité à l'égal exactement du consommateur anglais, eh bien ! malgré ces deux suppositions, dont l'effet est d'augmenter notablement l'écart entre le fer français et le fer anglais, cet écart n'a pu être en moyenne, pendant les années précédentes, que de 3 fr. 65 c. au plus par 100 kil. de fer (36 fr. 50 c. par 1,000 kil.)

Donc on peut affirmer, avec la certitude la plus positive, que si l'on estimait à 3 fr. 65 c. par 100 kil. la surcharge imposée par le droit de douane à l'industrie et à l'agriculture, en moyenne pendant ces dix années, cette estimation serait de beaucoup au-delà de la réalité.

Nous voilà bien loin du chiffre fantastique de 25 ou 30 fr. avancé par M. le directeur des douanes de Bordeaux.

Signalons maintenant une autre erreur non moins curieuse, parce qu'elle démontre que l'on ne paraît pas connaître les éléments qui ont servi à composer les chiffres dont on se sert.

M. Amé ne se contente pas d'appliquer à la quantité de fer produite en France le procédé ingénieux que nous venons de faire connaître ; il l'applique également à la masse de fonte qui est sortie de nos hauts-fourneaux ; de telle sorte qu'il additionne les deux résultats. Ainsi, d'après lui, l'élévation du droit aurait entraîné un renchérissement d'un milliard 800 millions sur les fers, plus un renchérissement de 620 milions sur les fontes, total 2 milliards 500 millions. Il paraît que M. Amé ignore que la presque totalité de la fonte a servi à fabriquer le fer. En effet, s'il l'eût su, il n'eût pas compté deux fois la même chose sous deux formes différentes. C'est absolument comme si, pour avoir la valeur du pain, il ajoutait au prix qu'il paye au boulanger celui de la farine qui est entrée dans sa composition.

Nous ne pousserons pas cette discussion plus loin. Nous en avons dit assez pour faire ressortir les erreurs vraiment inqualifiables de tous ces calculs. Il y a longtemps, d'ailleurs, que nous les avons dénoncées pour la première fois. Nous ne nous serions jamais attendus à les retrouver dans un livre émané d'un directeur des douanes, et, si nous sommes bien informés, recommandé tout particulièrement par M. le ministre du commerce et des travaux publics aux chambres de commerce, ainsi qu'aux chambres consultatives des manufactures.

Cet article, à ce qu'il paraît, avait vivement piqué les rédacteurs ou inspirateurs du *Constitutionnel ;* ils s'efforçaient de répondre dans les numéros du 8 et du 10, et ils s'attiraient la réplique suivante du *Moniteur industriel :*

Les erreurs d'un nouveau converti.

Il paraît que nous avons touché juste dans notre dernier article sur l'industrie des fers. Le nouveau converti au libre-échange, nous avons nommé le *Constitutionnel*, s'en est vivement ému. Il a mis en réquisition ses écrivains de récente recrue. C'est d'abord M. Jalabert qui nous répond dans le numéro du 8 février ; c'est ensuite M. V. Lefranc qui le relaye et qui se charge de compléter la réponse dans le numéro du 10. Ces deux rédacteurs ont des qualités diverses : l'un est plus doucereux, l'autre plus violent ; mais il y a cette ressemblance entre eux qu'ils paraissent ne pas mieux connaître l'un que l'autre la matière industrielle, et que, sous prétexte de nous réfuter, ils commettent tous deux de nouvelles erreurs qui vont enrichir le bagage déjà si lourd des défenseurs du libre-échange. Toutefois, pour être justes, nous dirons que le plus violent est précisément celui qui est coupable des plus grosses bévues. Le mot n'est peut-être pas parlementaire, mais on verra tout à l'heure qu'il n'est pas trop fort. Ce n'est pas notre faute si ces jeunes néophytes viennent parler de choses dont ils ne savent pas le premier mot.

Le *Journal des Débats* prétendait, il y a quelques jours, que le *Constitutionnel*, en opérant cette conversion qui restera célèbre dans les annales de la presse, avait surtout eu pour but d'obtenir l'avantage de certaines communications. Il faut avouer alors que l'infortuné journal serait bien mal payé d'un sacrifice qui, nous aimons à le croire, a dû lui être quelque peu douloureux. On se souvient qu'il y a peu de jours, il annonçait dans une note, qui affectait les allures semi-officielles, la levée de la prohibition sur les fils et tissus de chanvre, lesquels n'ont jamais été prohibés. Si les faits et les chiffres qu'il nous oppose dans ses deux articles sur l'industrie des fers ont la même origine, il a le droit d'adresser des plaintes non moins fondées à ceux qui lui font ces incroyables communications. On devrait véritablement avoir plus d'égards pour lui après un acte d'abnégation si méritoire.

Pour procéder par ordre de date, nous avons d'abord

affaire au rédacteur du 8 février, au rédacteur doucereux.
M. Jalabert ne veut pas, dit-il, aborder les questions métallurgiques ; mais il prétend tirer parti contre nous des chiffres que nous avons avancés, et, comme nous avons la loyale habitude de citer les articles auxquels nous répondons, nous reproduisons ses paroles textuelles :

« Le *Moniteur industriel* cherche à démontrer que la protection considérable accordée jusqu'à présent aux fers fabriqués en France n'a imposé qu'un très-faible sacrifice aux consommateurs et à l'agriculture en particulier, attendu *que l'écart entre le prix du fer français et du fer anglais n'a été en moyenne, pendant les dernières années, que de 36 fr. au plus par* **1.000** *kilogrammes.*

« Ce journal appuie cette affirmation sur un ensemble de chiffres que nous adoptons provisoirement, sans vouloir les examiner, et dont nous lui laissons, bien entendu, toute la responsabilité.

« C'est un tableau dressé par M. Talabot, président du Comité des forges et ancien député, duquel il résulte que si l'on compare pendant une période de dix ans, de 1845 à 1854, le prix des fers anglais vendus à Paris avec le prix des fers français également à Paris, et sans tenir compte, bien entendu, des droits de douane, on trouve que, en 1844, les deux prix ont été indentiques ; qu'en 1852 même, il y a eu pour les fers français un avantage de 29 fr. par tonne de 1,000 kil. sur les fers anglais, et que, pendant les huit autres années, l'écart au profit des fers anglais a varié de 12 à 68 fr., soit, en résumé, que l'écart moyen a été de 36 fr. par tonne.

« Le *Moniteur industriel* prend soin d'ajouter qu'il a supposé, pour rétablir ses calculs, que *le négociant anglais et les intermédiaires n'auraient rien gagné absolument sur le consommateur français*, et il triomphe en développant cette conclusion *qu'en estimant à 36 fr. par* **100** *kilogrammes la surcharge imposée par le droit de douane à l'industrie et à l'agriculture, cette estimation serait de beaucoup au-delà de la réalité.*

« Encore une fois, nous acceptons aveuglement aujourd'hui les chiffres du *Moniteur industriel;* mais nous nous permettons d'en tirer, quant à nous, une autre conséquence :

« C'est que si l'écart entre le fer anglais et le fer français à Paris est en moyenne de 36 fr. par 100 kil., assurément le droit protecteur stipulé par le nouveau traité, et qui doit être de 70 fr. pendant la première période et de 60 fr. dans la seconde, c'est-à-dire le double de l'écart moyen relevé par le *Moniteur industriel,* ce droit est bien suffisant pour défendre notre industrie métallurgique de la concurrence étrangère.

« Nous ne voulons pas développer cet aperçu sommaire. Nous nous sommes scrupuleusement servi de la base choisie par nos adversaires, et nous croyons fermement que tout homme impartial, même étranger à cette question, qui fera le même rapprochement que nous, conclura comme nous, des chiffres du *Moniteur industriel,* que, dans un tel état relatif des deux industries en France et en Angleterre, une protection de trente ou de vingt-cinq pour cent répond et au-delà à tous les besoins de nos producteurs de fer. »

Au moment où nous prenions la plume pour répondre à cet article, nous avons reçu communication d'une lettre que M. Léon Talabot, président du Comité des forges, a adressée le 9 au *Constitutionnel,* et que cette feuille impartiale n'a pas encore insérée. La lettre de M. Léon Talabot a fait bonne justice de l'argumentation du *Constitutionnel.* Il ne nous reste qu'à la publier ici.

A Monsieur le Rédacteur en chef du CONSTITUTIONNEL.

« Monsieur le Rédacteur,

« Le *Constitutionnel* d'hier contient un article auquel je vous demande la permission de répondre.

« Le rédacteur décline soigneusement toute responsabilité en ce qui concerne les chiffres sur lesquels il raisonne, et ne cherche qu'à en tirer une seule conséquence à son point de vue; je m'abstiens donc d'entrer dans une discussion que je ne suppose pas que vous voulussiez admettre; mais il me sera certainement permis de faire ressortir, même dans votre journal, l'erreur dans laquelle votre collaborateur est tombé, en déduisant de chiffres, auxquels il a laissé mon nom, des conséquences tout-à-fait inexactes.

« Avant de relever cette erreur, je crois devoir le remercier de la modération de son langage; les libre-échangistes ne nous ont pas habitués à des objections sans violences et sans injures.

« J'ai encore à le remercier de la courtoisie avec laquelle, accolant mon nom à des chiffres, il m'a lui-même ouvert vos colonnes pour lui répondre.

« Votre collaborateur, soit dans les réserves dont il accompagne son argumentation, soit dans certaines confusions qu'il sera obligé de relever lui-même s'il me fait l'honneur de me répondre, a suffisamment montré que la matière lui est étrangère pour que je ne doive pas tenter de discuter avec lui le fond de la question. Tel n'est pas, d'ailleurs, l'objet de ma lettre; je me contente d'indiquer où gît le vice de son raisonnement *pour tout homme impartial et même étranger à cette question* (comme il le dit lui-même), et maintenant j'achève la citation de ses paroles :

« *Cet homme impartial*, dit-il, *conclura comme nous des*

« *chiffres du Moniteur industriel que, dans un tel état re-*
« *latif des deux industries en France et en Angleterre, une*
« *protection de trente ou de vingt-cinq pour cent répond et*
« *au-delà à tous les besoins de nos producteurs de fer.* »

« Voyons donc ce que disent les chiffres, qui sont toujours, comme on le sait, une arme à plusieurs pointes
qu'on peut retourner en plusieurs sens, mais qui ne man-
que guère de blesser celui qui s'en sert mal.

« J'ai fait dire à ces chiffres, en réponse *aux milliards*
que, selon MM. les libre-échangistes, la protection de
l'industrie des fers a fait perdre à l'agriculture française
en quarante ans, que les prix moyens des fers français et
anglais pendant les dix dernières années n'ont différé que
de 36 fr, 50 par tonne rendue à Paris, et non de 250 ou
300 fr., comme le prétend l'administrateur auquel répon-
dait le *Moniteur industriel*. Voici les faits incontestables :

Les fers anglais, pendant cette période, auraient coûté
en moyenne à Paris. . . . .   fr. 239   » la tonne.

« Les fers français y ont coûté,
également en moyenne. . .   . .   275 50 la tonne.

____

« Différence. . . .   Fr. 36 50 par tonne.

« Évidemment, j'agissais logiquement en comparant
des prix moyens en France et en Angleterre, alors qu'il
s'agissait d'établir ce qu'a dû payer l'agriculture pour
s'approvisionner en fers français au lieu d'acheter libre-
ment des fers anglais.

« Mais votre collaborateur agit-il logiquement quand il calcule la mesure et l'efficacité d'une protection, sur des moyennes ?

« Les prix anglais sont excessivement variables, et ces variations se font souvent par soubresauts extraordinaires. Votre collaborateur l'ignore, d'accord ; mais il avait sous les yeux les chiffres du *Moniteur Industriel*, et ces chiffres le lui disent. Ils lui disent ceci, par exemple :

« Que la protection était inutile en 1852, les prix des fers anglais et français étant les mêmes sur le marché de Paris, et qu'au contraire en 1847 l'écart était de 68 fr. 75 c. et en 1851 de 65 fr. *à Paris.*

« Cet écart aurait été, aux ports de France, au moins de 100 fr. Les fers anglais ayant à payer en moins le transport à Paris, et les fers français ce même transport en plus, l'écart se serait accru de ce double transport.

« Ainsi dans la période décennale de 1845 à 1854 il y a eu des époques où le droit protecteur n'était pas nécessaire, et plusieurs années dans lesquelles le droit de 10 francs aurait à peine suffi.

« On le voit donc, on ne peut calculer un droit protecteur sur des moyenes comme l'a fait votre collaborateur ; avec ces moyennnes le marché français, dans les années 1847, 1851, etc. aurait été entièrement envahi par les Anglais.

« On a voulu faire dire aux chiffres autre chose que ce qu'ils signifient réellement, on les a pris par une de leurs pointes, et ils se retournent contre celui qui les manie ainsi imprudemment.

« Continuons. Votre collaborateur, partant toujours de

ces mêmes chiffres, en conclut *qu'une protection de 30 à 25 0/0 répond et au-delà à tous les besoins de nos producteurs de fer.*

« Encore ces malheureux chiffres ! Reportez-vous y donc, et vous y verrez que, dans les années 1850 et 1851, le prix moyen des fers anglais a été de 135 fr. Je ne parle pas des prix extrêmes de ces deux années qui sont bien inférieurs, mais qui n'étaient pas sous les yeux de l'auteur. Ajoutez 20 fr. pour venir aux ports français, vous aurez 155 fr.

« Ajoutez maintenant 30 0/0 vous aurez fr. 46 50 c.
25 0/0   »   38 75 c.

« Vous aurez ainsi, pour prix intégral des fers anglais, rendus en France, droit compris. . . . . . fr. 201 50 c.
ou . . . . . fr. 193 75 c.

« Or, je le demande, votre collaborateur trouvera-t-il lui-même la protection suffisante ?

« L'article auquel je réponds nous promet que l'*étude spéciale des conditions économiques de la fabrication du fer sera faite en son lieu et place avec les développements qu'elle comporte.*

« Je vous serai très-reconnaissant si vous voulez bien m'admettre alors à vous fournir des renseignements positifs sur ces conditions économiques.

« Veuillez agréer, Monsieur le Rédacteur,
l'assurance de ma considération distinguée,

« LÉON TALABOT. »

« Paris, le 9 février 1860. »

Ainsi il ressort nettement de cette lettre, que le *Constitutionnel* a commis une erreur des plus manifestes en prétendant régler la protection d'après des moyennes. M. Talabot montre clairement que, s'il y a eu des moments où le droit protecteur s'est trouvé inutile, par suite de l'égalisation des prix entre les fers français et les fers anglais, il y a eu d'autres moments où le droit de dix francs était à peine suffisant. Le *Constitutionnel* aurait pu s'épargner cette erreur en se donnant la peine de lire les tableaux que nous avions imprimés tout au long ; mais nous le soupçonnons d'être décidément brouillé avec les chiffres. C'est, du reste, ce qui semblera plus évident encore, si l'on veut bien nous suivre dans la réponse que nous devons faire actuellement au rédacteur du 10 février, au rédacteur violent.

Nos lecteurs n'ont pas oublié, sans doute, les énormités que nous avons relevées dans les calculs présentés par M. Amé pour établir la surcharge que la protection de l'industrie métallurgique imposait aux consommateurs. Il s'agissait de deux milliards et demi dans l'espace de quarante-trois ans. M. V. Lefranc, le rédacteur violent, n'a pas reculé devant la tâche impossible de défendre les calculs de M. Amé. Mais, hélas ! comme dit l'Écriture, le mal appelle le mal, et l'abîme invoque l'abîme. M. V. Lefranc y est tombé à son tour, et il y a fait rouler le *Constitutionnel* avec lui.

Entre autres choses, M. Amé, après avoir compté à sa façon le renchérissement du fer provenant de l'existence des droits protecteurs, avait commis l'étrange distraction d'y ajouter le renchérissement de la fonte produite par nos

hauts-fourneaux. Nous avons fait observer que la presque
totalité de la fonte servait à fabriquer le fer, de telle sorte
que, dans l'ignorance où il était, sans doute, de ce fait assez élémentaire, il avait compté deux fois la même chose,
sous deux formes différentes. Savez-vous ce que nous répond le *Constitutionnel?* La réponse est curieuse et mé-
rite d'être encore citée textuellement, ne fût-ce qu'afin de
justifier ce mot de bévue que nous avons employé plus
haut.

Voici les propres paroles du *Constitutionnel* :

« En 1858, le dernier des exercices dont M. Amé s'est oc-
« cupé, nos hauts-fourneaux ont produit 8,941,901 qx m.
« L'importation a livré.   631,859
                                         ____
        « Total.   9,573,760
« Il a été converti en fer.   6,219,200
                                         ____
            « Reste. . . . .   3,354,560 qx m.

« Ainsi, il est entré dans la consommation, sous forme
« de machines, d'ustensiles de ménage, d'articles de bâ-
« timent, etc., 3,354,560 quintaux métriques de fontes
« en nature, représentant, au droit minimum de 4 fr. 80 c.
« décime compris, 16,701,888 fr., qu'il fallait bien com-
« prendre, sous peine d'erreur grave, dans les rappro-
« chements applicables à l'année 1858. »

Qu'on nous permette d'abord de féliciter le *Constitutionnel* de connaître la production de nos hauts-fourneaux
et de nos forges en 1858; c'est là un de ces documents

dont il a communication par privilége. Il y a bien un décret qui prescrit de publier tous les trois ans la statistique de notre industrie minérale et métallurgique ; mais on ne juge pas à propos d'en exécuter les prescriptions. Aussi, en fait de documents officiels, ceux qui ont été publiés par l'Administration s'arrêtent à l'année 1852. Comme nous n'avons pas le moyen de contrôler les chiffres avancés par le *Constitutionnel* pour la production de 1858, nous les acceptons pour vrais. Mais, voyez le malheur ! il se trouve que le *Constitutionnel* et ses inspirateurs officieux ne comprennent même pas la signification de ces chiffres dont on leur donne la primeur !

M. Amé ignorait que le fer se fabriquait avec la fonte ; le rédacteur du *Constitutionnel* ignore que la fonte perd dans sa conversion en fer une partie notable de son poids ; en sorte que c'est, pour ainsi dire, une cascade d'erreurs, qui aurait vraiment quelque chose de plaisant, si les intérêts les plus graves ne s'y trouvaient en jeu.

On remarquera, en effet, que pour obtenir la quantité de fonte dans la consommation, le *Constitutionnel* se contente de réduire la quantité de fonte produite ou importée. Nous sommes donc obligés de lui apprendre que, pour fabriquer 100 kilog. de fer, il faut employer au moins 130 kilog. de fonte. S'il veut rectifier ses calculs en conséquence, il reconnaîtra que la fabrication des 6 millions 219,200 quintaux métriques de fer produits en 1858 n'a pas absorbé moins de 8,060,000 quintaux de fonte. D'où il suit que la quantité de fonte livrée à la consommation sous cette forme n'a été que de 880,000 quintaux au lieu de 3,354,000. Le *Constitutionnel* s'est tout bonnement trompé d'environ 400 pour 100 !

Passons maintenant à une autre catégorie d'erreurs. On sait que M. Amé avait raisonné comme si le prix des fers français s'était réglé sur le prix des fers anglais, augmenté du droit. Il n'était pas difficile de s'assurer que cette base était des plus fausses. Nous avons invoqué comme preuve irrécusable, non pas, ainsi que le dit ironiquement le *Constitutionnel*, l'autorité importante et désintéressée d'un maître de forges, mais l'autorité impartiale et désintéressée des prix-courants. Si le *Constitutionnel* connaît une meilleure manière de procéder, lui qui est si grand clerc en métallurgie, qu'il veuille bien nous l'indiquer !

Que nous oppose-t-il ? Des diatribes contre les maîtres de forges, qu'il accuse de s'entendre pour étouffer toute concurrence, pour régler les prix à leur volonté. Le *Constitutionnel* nous renvoie surtout à un document qui a pour titre : *Classification des fers laminés adoptée par les forges de France dans les réunions des 27 et 28 mai 1859*. Ici encore, suivant son habitude, il parle de choses qu'il ne comprend pas. Il appelle ce document un *prix-courant*, et s'il veut le lire, il y verra qu'il n'y a pas de prix indiqués. Un *prix-courant* sans indication de prix ! Il n'y avait que le *Constitutionnel* pour faire une pareille découverte. Ce document qui l'offusque a tout simplement pour but d'établir des bases simples, nettes, sans ambiguité possible, afin que la classification des fers de diverses dimensions ne donne lieu à aucune difficulté dans la pratique. On conviendra que c'est là certainement une œuvre non moins utile au consommateur qu'au producteur.

Cependant, après ces diatribes, le *Constitutionnel* consent à rentrer dans la discussion des chiffres, et, pour nous prouver qu'il y a un plus grand écart que celui que nous avons énoncé entre les prix des fers français et anglais, il cite le fait suivant :

« Suivant les Annales du Commerce extérieur le prix des fers du Staffordshire était, à la fin de juillet 1859, de 19 fr. 68 c. *pour les bonnes marques rendues à bord à Liverpool.* A la même époque, le prix-courant collectif de nos producteurs cotait la première à 26 fr., la seconde à 28 fr., la troisième à 30 fr., la quatrième à 32 fr., soit à 29 fr. en moyenne, *à la forge.* »

Ces rapprochements ne sont, ni plus heureux, ni plus exacts que ceux que nous avons réfutés. Si les fers du Staffordshire coûtaient, en juillet dernier, 19 fr. 68 c. à Liverpool, ils n'auraient pu venir à Paris qu'en payant 4 fr. 'de frais de transport, ce qui les eût fait ressortir à 23 fr. 68 c. sur le marché parisien. Que coûtaient les fers français à Paris? Le *Constitutionnel* donne les prix des classes différentes, et il en prend la moyenne, ce qui est absurde, attendu que le cours des fers en Angleterre comme en France ne s'entend jamais que de la première classe. (Ne pas confondre les classes qui se rapportent aux dimensions des échantillons avec les qualités.) C'est donc le prix de 26 fr. qu'il faut prendre, et ce prix n'est pas le prix en forge, les cours ne s'établissent jamais de cette manière, mais bien le prix à Paris. Or, d'après les usages français, le prix pour le marchand en gros à Paris est de 2 fr. au-dessous du prix courant, ce qui le met à 24 fr.

Ainsi, l'écart entre les prix des fers du Staffordshire et des fers français, aurait été en juillet dernier, sur le marché de Paris, de 32 c. seulement par quintal métrique. Voilà donc encore des chiffres qui concluent précisément en sens contraire de ce qu'on voulait leur faire dire.

Inutile, après cela, de suivre le *Constitutionnel* dans son historique de la législation des fers depuis 1814. Suivant lui, les diverses modifications apportées depuis cette époque au tarif des fers n'auraient eu d'autre mobile que de réprimer les excès du monopole. Ce que c'est que l'imagination ! Nous aurions cru, quant à nous, que, chaque fois qu'on a réduit le tarif, c'est tout simplement parce que ces réductions ont semblé possibles en présence des progrès réalisés par l'industrie métallurgique et des diminutions obtenues dans le prix de nos fers. Singulier monopole, il faut en convenir, que ce monopole qui a permis à la concurrence intérieure d'abaisser le prix des fers de moitié depuis quarante ans, et qui n'a pas même laissé à la plupart des établissements métallurgiques, dans ces dernières années, de quoi payer un dividende à leurs actionnaires !

Un dernier mot pour en finir. Le *Constitutionnel* croit-il vraiment servir la cause du Gouvernement avec ces épithètes de monopoleurs, de privilégiés, d'aristocrates, qui se trouvent à chaque instant sous sa plume. Quand il représente les industriels comme exploitant « les classes qui cherchent à avancer dans les voies de la civilisation et du bien-être », il ne fait que se rendre l'écho d'une calomnie qui semble encore plus odieuse dans sa bouche. Quel est donc le but qu'on se propose avec cet appel aux plus mauvaises passions, aux plus détestables instincts ?

Voilà le premier acte de cette polémique ; voici maintenant le second acte.

Le *Constitutionnel,* qu'on devait croire définitivement battu, publia, le 24 février, l'article suivant, signé par un troisième rédacteur :

« Depuis-vingt cinq ans, les chiffres que nous avons rapportés en font foi, la production du fer s'est accrue dans d'énormes proportions ; comme nous le verrons bientôt, celle de la houille a suivi une marche ascensionnelle très-rapide ; ces deux puissants agents, dit M. Wolowski, en remplaçant l'esclavage industriel, ont permis d'entreprendre des travaux inexécutables auparavant. Aussi, loin de se livrer à des polémiques irritantes et sans profit, vaut-il mieux rechercher dans les faits tout ce qui peut intéresser la production de ces agens et jeter le jour, en ce qui les touche, sur les questions si importantes soulevées par la letttre du 5 janvier.

« De quoi s'agit-il relativement au fer ? De réduire d'abord à 70 fr., puis dans quatre ans à 60 fr. les droits qui les frappent aujourd'hui. Voyons donc à quel prix produisent les Anglais, à quel prix nous pouvons produire, et calculons si l'écart entre les chiffres des deux pays n'est pas suffisamment couvert par le droit de 70 fr.

« Au mois de juillet 1859, les qualités inférieures de fer valaient en Angleterre 150 fr. la tonne, suivant M. Wolowski ; M. Talabot évalue à 40 fr. les dépenses diverses d'envoi d'Angleterre en France ; en ajoutant le droit de 70 fr. à ces 40 fr., et aux 150 fr. représentant la valeur de cette qualité de fer en Angleterre, le prix qui ressortira sur nos marchés sera de 260 fr. la tonne.

« Nous ne ferons pas à l'usine du Creuzot, si bien dirigée par l'honorable M. Schneider, non plus qu'à l'honorable M. de Wendel, l'injure de croire qu'ils ne produisent que des fers d'une valeur égale aux plus mauvaises qualités anglaises, et, pourtant, nous voyons le Creuzot traiter avec la Compagnie des chemins de fer du Midi pour une fourniture de 30,000 tonnes, à raison de 240 fr.

la tonne, transport compris, et livrées, moitié à Bordeaux, moitié à Cette. En défalquant les frais de transport, le prix à l'usine ne peut-il pas être ramené à 220 francs, soit 40 fr. d'écart avec les fers inférieurs anglais?

« Nous trompons-nous en signalant un marché passé entre M. de Wendel et la Compagnie des chemins de fer du Nord, pour 27,000 tonnes, à raison de 239 fr. la tonne, ce qui, déduction faite du transport, ramène également le prix à l'usine à 220 fr. environ.

« Que peuvent craindre nos producteurs dans des conditions semblables? Nous pensons même que les progrès de notre fabrication permettront, dans la suite, un nouvel abaissement de tarifs, réclamé non-seulement par l'industrie, mais aussi par l'agriculture. Que l'on considère, en effet, qu'il y a en France 50 millions d'hectares imposables; en déduisant 30 millions d'hectares de bois, prés, etc., il en reste 20 millions qui sont cultivés et qui exigent, en moyenne, une consommation annuelle de 20 kilogrammes de fer par hectare; admettons la moitié seulement, soit 10 kil.; cela fait, par an 200,000 tonnes de fer pour lesquelles le droit de 70 fr., représente une charge de 14 millions de francs pesant sur l'agriculture.

« Ces sacrifices ne sont pas les seuls qui doivent être imputés aux tarifs trop élevés sur les fers; mais nous renvoyons nos lecteurs aux chiffres relevés par M. Amé et déjà publiés par nous.

« Il nous reste, avant de terminer, à dire quelques mots de la fabrication de nos fers. L'industrie des fers est double: nous avons le fer au bois, et le fer à la houille; il y a peut-être un élément d'appréciation dont on ne tient pas compte quand on s'occupe des questions de tarifs: nous voulons parler de la concurrence de la houille au bois et de ses résultats inévitables. La fabrication du fer au bois a décru; et, loin d'avoir apporté un ralentissement à cette décroissance, l'élévation des tarifs semble plutôt l'avoir accélérée.

« S'il y a quelque espérance à concevoir pour l'avenir et le réveil de cette industrie, c'est dans le traité de commerce du 23 janvier et dans ses résultats qu'il faut la chercher. En effet, les excellentes qualités de nos fers au bois n'ont point de rivales pour la taillanderie, la carosserie, les bandages de locomotives, les armes, les pièces mécaniques : en Angleterre une usine célèbre peut seule fournir ces qualités supérieures, mais à des prix extrêmement élevés. Leur échelle part de 450, à 550 fr. la tonne pour s'élever jusqu'à 800 et même 925 fr. Nous avons le ferme espoir que nos maîtres de forges avec leur habileté reconnue pourront faire une concurrence sérieuse sur le marché anglais avec nos fers au bois et y trouver un débouché important. » « F. PRÉVOST. »

A cet article, où son nom se trouvait encore mêlé, M. Talabot a répondu par les deux lettres qui suivent :

Monsieur le Rédacteur en chef du *Constitutionnel*,

Je viens vous prier de vouloir bien m'ouvrir vos colonnes pour une réponse à un article du *Constitutionnel* d'hier. Je pourrais m'autoriser de mon nom dont on continue de se servir ; mais je ne voudrais pas abuser d'un droit incontestable sans doute, mais dont l'exercice n'est pas toujours agréable aux journaux. J'aime mieux invoquer votre loyauté bien connue, et le véritable intérêt de votre journal.

Vous aimerez certainement à mettre à côté d'erreurs évidentes de l'un de vos rédacteurs, les objections et les rectifications qu'un adversaire y oppose.

Et d'abord, les exemples présentés par votre collaborateur d'hier ne prouvent pas ce qu'il croit.

Il est vraiment triste de voir avec quelle légèreté argumentent sur ces matières ceux même qui se donnent des airs d'informations quasi officielles.

Examinons, en effet, toute cette discussion : Autant de données, autant de conclusions, autant d'erreurs.

M. Schneider a traité avec le chemin du Midi à 240 fr. pour 30,000 tonnes de rails, livrables moitié à Cette, moitié à Bordeaux ; retenons cette moitié de Bordeaux, 15,000 tonnes à 240 fr.

M. de Wendel a traité avec le Nord pour 27,000 tonnes de rails à 239 fr. la tonne.

Voici donc 42,000 tonnes de rails sur lesquelles porte le raisonnement de l'auteur de l'article ; prenons d'abord et provisoirement ses propres chiffres :

Les rails valent dans le pays de Galles. . .   150 fr.
soit, le droit.   70
Ensemble 220 fr. et le transport ?

Ici votre journal, malgré les redressements qu'il a subis, persiste à se servir du prix de transport, que j'avais justement estimé, pour les frais jusqu'à Paris, à 40 fr.; mais ce qu'il y a de vrai, ce que personne, ayant la moindre connaissance de la matière, ne contestera, c'est que, ni pour Bordeaux, ni pour aucun des ports du réseau de la Compagnie du chemin de fer du Nord, Dunkerque, Calais, Boulogne, ces frais ne sauraient s'élever à 20 fr., et, voyez le miracle, il en coûtera moins pour venir des côtes d'Angleterre à un de nos ports de l'Océan qu'à Paris ; votre rédacteur n'a pas su trouver cela.

Après cette première observation, qu'il me soit permis de lui dire d'abord que le prix de 150 fr. en Angleterre n'est pas un minimum, que le prix de 120 fr. n'y est pas rare, et que le prix *moyen*, pour 1850 et 1851, y a été de 135 fr., ce que votre rédacteur sait très-bien lui-même, puisque dans ma lettre du 9 février, que vous avez eu l'obligeance d'insérer le 11, j'ai eu l'honneur de lui mettre moi-même le doigt sur ce chiffre de 135 fr.; que personne ne sera surpris, que dans cette moyenne de 135 fr. pour 24 mois de suite, il se soit trouvé des cours de 120 fr. et même au-dessous, et des cours plus élevés, qu'ainsi le raisonnement de votre rédacteur pêche par la base même, et qu'il n'est pas excusable de prendre pour base de son raisonnement le chiffre de 150 fr., alors qu'il a sous les yeux celui de 135 fr., qu'il a été contraint de reconnaitre et de discuter lui-même il y a dix jours.

Mais, pardon, je m'aperçois que je suis en présence d'un nouvel adversaire, et que celui auquel je réponds aujourd'hui, bien qu'il se serve de mon nom et de mes chiffres, peut très-bien ignorer ce que j'ai eu l'honneur d'opposer à un de ses honorables collègues il y a quelques jours.

Je m'empresse donc de retirer mon observation, en ce sens que je reconnais que le rédacteur d'hier a pu ne pas savoir que les fers anglais se vendaient souvent au-dessous de 150 fr.; cette rectification ôte à mon observation ce qu'elle pouvait avoir de désagréable. L'auteur de l'article n'a pas pris pour point de départ un fait dont l'inexactitude, en ce qui concerne la discussion, lui avait été démontrée il y a huit jours. Non; il a parlé de la question sans l'avoir étudiée; il est resté à la surface, il s'est trompé, voilà tout.

Avec le prix de 120 fr., les rails anglais arriveront sur tout le littoral, non pas à 24 fr., mais à 21 fr., et je demande où en seraient alors les forges françaises? Quelle est la compagnie de chemins de fer en France qui leur demanderait des rails?

Que fût-il arrivé en 1850 et 1851 si le régime du droit de 7 fr. ou de 6 fr. eût alors existé? Les forges françaises *auraient vécu.*

Voilà cependant à quelle réponse votre journal nous oblige en voulant outrer la défense du système qu'il préconise aujourd'hui. Qui prouve trop non-seulement ne prouve rien, mais prouve contre soi.

Mais reprenons notre discussion. Première erreur sur les frais de transport, erreur du simple au double : 40 fr. au lieu de 20 fr. Deuxième erreur : prix des rails en Angleterre, comptés à 15 fr. au lieu de 12 fr., pour les cas extrêmes. Quand nous serons à trois nous ferons une croix. Patience, nous y serons bientôt. Votre rédacteur a employé trois chiffres, il est bien juste qu'il y ait trois erreurs palpables. La dernière qui me reste à signaler n'est pas la moins grave, comme vous allez le voir ; elle me force à déplorer une fois de plus la légèreté avec laquelle un journal aussi considérable que le vôtre admet et fait siens, des articles qui ne lui présentent d'autres garanties d'exactitude que le vernis libre-échangiste dont ils sont décorés.

En effet, votre rédacteur applique aux rails le droit de 7 fr. Est-ce qu'il est bien certain que ce soit là le traitement que le traité réserve aux rails? Est-il bien certain qu'on ne cherchera pas à nous opposer le décret de février 1856? S'il en était ainsi, il ferait bien de l'établir d'une manière précise, nous lui en serions reconnaissants ; mais, s'il en était autrement, serait-il permis d'introduire dans la discussion ce troisième élément, qui, dans ce cas, ne serait pas beaucoup plus exact que les deux premiers?

Je m'abstiens de hasarder aucun calcul sur le droit qui frappera les rails, c'est une des inconnues que le traité renferme, et sur lesquelles j'aurai à revenir tout à l'heure. Il me suffit quant à présent d'avoir fait ressortir l'insuffisance des informations de votre collaborateur.

Et maintenaut que les éléments de la discussion sont rectifiés, permettez que je me replace au point de vue de votre rédacteur et que, prenant ses propres données, le prix de 150 fr., le droit de 70 fr., le transport non à 40 fr., mais à 20 fr., parce qu'il ne peut pas vouloir lui-même que je me résigne à discuter sur le chiffre 4 — au lieu du chiffre 2 — 2 et 2 font 4; mais 2 ne font pas 4.

Avec ces éléments donc et sous le régime nouveau que l'auteur de l'article considère non pas seulement comme assez, mais même comme trop protecteur, le prix des rails anglais rendus dans les ports français de l'Océan sera de 240 fr., c'est-à-dire que, sous ce régime, selon votre rédacteur, les deux Compagnies des chemins de fer du Nord et du Midi, sans compter celles d'Orléans et du Centre auraient, dans tous les ports de l'Océan, c'est-à-dire sur leurs lignes, les rails anglais au même prix auquel les Compagnies du Nord et du Midi ont obtenu les rails français tout récemment et sous le coup d'une concurrence désespérée.

Le tout sans parler du prix éventuel des rails anglais à 210 fr., 30 francs de moins, et enfin de cette autre réduction plus ou moins éventuelle et inconnue que je ne veux pas tenter de formuler et résultant de l'interprétation du traité.

Mais enfin votre rédacteur ignore tout cela, et se contentant des données qu'il a combinées, il arrive à établir l'égalité sur nos marchés et ports entre les forges françaises et anglaises. Je parle de l'égalité des prix de vente ; car, quant à cette autre égalité pour laquelle on ferait entrer en ligne de compte les conditions d'existence, de vitalité, de puissance, de force des deux industries de chaque côté du détroit, ce serait une dérision que d'en parler.

C'est cependant l'égalité complète de traitement des deux industries qui est le but final du libre-échange.

L'égalité conditionnelle paraît être le système de votre rédacteur.

Mettre les deux industries sur le pied d'égalité dans les ports français me semble une mesure aussi fermement protectrice pour l'industrie française, que le serait pour l'armée anglaise la création d'un isthme qu'il plairait à Dieu de faire surgir de l'Océan entre Calais et Boulogne d'un côté, et la côte d'Angleterre de l'autre.

Et si, par hasard, en Angleterre des militaires de l'armée de terre se permettaient de trouver, comme le font en France des industriels trop hardis, que leur situation est devenue bien précaire, et l'existence de la puissance anglaise en grand péril, ne serait-ce pas un curieux spectacle de voir M. Bright et son école, les libre-échangistes des nationalités, se moquer d'eux, et leur démontrer qu'un horse-guard vaut un carabinier, qu'un Écossais vaut un zouave, et qu'ils sont bien ridicules de se plaindre de cette bénédiction du ciel qui vient d'advenir à l'Angleterre, le libre passage en France par terre.

Mutato nomine de te fabula narratur.

Tant que les nationalités existeront, les intérêts nationaux seront distincts, souvent rivaux, même ennemis; les inégalités des conditions de production existeront également, surtout à l'égard d'un pays qui est devenu un immense foyer d'industrie, parce qu'il était doté de tous les éléments les plus heureusement combinés pour ce développement inouï auquel, depuis deux cents ans, il a consacré sans relâche toute sa puissance et toute l'habileté de ses hommes d'État, commençant par toute espèce de protection, de prohibitions portées jusqu'aux plus grands excès, et arrivant finalement à une exonération, dans toutes les directions, des classes laborieuses poursuivies par les réformes financières les plus persévérantes depuis plus de quarante ans, jusqu'à ce qu'enfin, l'œuvre accomplie, toutes les industries développées sur une échelle inouïe, les capitaux accumulés dans une proportion sans exemple, les salaires réduits à un minimum relatif qu'aucun de ses rivaux, quoi qu'on en dise, ne saurait atteindre, l'Angleterre a reconnu que l'heure de l'égalité avait sonné pour elle, et a arboré le drapeau du libre-échange, cet heureux symbole de l'égalité et du désintéressement.

C'est cette égalité que le *Constitutionnel* veut justifier pour l'industrie française dans les calculs que je viens d'être obligé de rectifier.

Je n'attache pas à ces erreurs d'un de vos rédacteurs plus d'importance qu'elles n'en ont; mais il faut convenir que si le gouvernement de l'Empereur avait pris son parti d'après des informations aussi mal digérées, ce serait un grand malheur pour nos industries.

Écartons tout cela. Nous allons subir la réduction du

droit sur une certaine catégorie de fer à 7 fr., puis à 6 fr. Un certain nombre d'usines succomberont : tout le monde en est d'accord.

Le droit de 7 fr. est une exception que l'Empereur a voulu faire au profit de l'industrie des fers; mais s'est-on bien rendu compte de la portée des termes du traité à cet égard? Quelqu'un pourrait-il ou voudrait-il la formuler en entier en ce moment? Est-il certain que si ces conséquences telles qu'elles m'apparaissent avaient été soumises à l'appréciation de l'Empereur, il aurait considéré, comme rempli, son désir de conserver aux forges une protection exceptionnelle?

Quels seront les effets sur l'industrie des forges de ces autres réductions aujourd'hui inconnues, sur les produits du fer autres que ceux formellement exceptés, c'est-à-dire ceux qui paient aujourd'hui le droit de 10 fr. plus le double décime? Les termes de l'article qui formule l'exception sont-ils par le gouvernement français interprétés dans un sens favorable ou contraire à l'industrie du pays? Voilà des questions auxquelles il serait utile de répondre.

Que dans la polémique de votre journal quelques-uns de ses rédacteurs traitent les maîtres de forges comme des ennemis, je ne m'en étonne guère, c'est un des principes de l'école à laquelle il cherche à se rallier; mais, vous l'avez dit, votre journal est avant tout un journal particulièrement dévoué au gouvernement de l'Empereur.

Eh bien! il peut être assuré qu'il rendrait un véritable service à la cause à laquelle il est dévoué s'il voulait bien recueillir sur l'important sujet que je viens de signaler, des informations sérieuses et nous les transmettre.

C'est assez pour une des grandes industries du pays, sans compter les autres, d'être frappée d'un grand coup, et ce serait lui rendre un grand service que de lui en faire connaître toute la portée.

De plus, le traité pour la conversion des droits *ad valorem* en droits spécifiques va se négocier. Le *Constitutionnel* nous fait espérer que ceux d'entre nous qui seront sages pourront y être entendus : il nous laisse entrevoir que seuls seront admis ceux qui seront de l'avis de l'Administration. Nous espérons bien qu'il n'en sera pas ainsi, et que les informations présentées loyalement, modérément, en langage convenable, et surtout avec pièces probantes, seront entendues; mais quoi qu'il en soit, ce traité d'interprétation est d'un véritable intérêt national, et, comme le dit le *Constitutionnel, cette enquête doit avoir une grande importance;* dès lors que pourrait-il y avoir de plus utile que de la préparer ?

Ici l'intérêt industriel, l'intérêt national, l'intérêt gouvernemental ne font qu'un. Le traité de commerce nous lie dans des termes précis 30 0/0 et plus tard 25 0/0 sur les prix moyens des six derniers mois. Nul n'a intérêt en France à ce que ces droits *ad valorem* soient, pour la transformation en droits spécifiques, réduits à un taux inférieur à ce que le traité a voulu ; nul, si ce n'est le parti économiste, si peu nombreux en France, comme le dit M. Gladstone, qui voudrait peu-être forcer la main au Gouvernement et l'entraîner dans l'application plus loin qu'il n'a entendu aller, quand il s'est lié en principe.

Autre chose est la détermination de la base sur laquelle

s'opérera la transformation du droit *ad valorem* en droit spécifique, autre chose la détermination du droit à appliquer. La première détermination est une stipulation internationale. L'intérêt anglais est que cette base soit la plus basse possible. L'intérêt français, au contraire, est de se défendre contre les abaissements qui dépasseraient la limite déterminée par les traités.

La seconde détermination est un acte purement national et où l'étranger n'a point à intervenir.

Dès lors l'intérêt national, l'intérêt de tous, c'est que les questions se posent le plus tôt possible et qu'elles puissent s'élaborer par une étude sérieuse et non se discuter à l'improviste entre une commission quelconque et des intéressés plus ou moins éclairés pris au dépourvu et nullement préparés à répondre à telle ou telle question à laquelle leurs livres, leurs comptes de fabrication, leurs factures fourniraient des réponses entièrement concluantes.

Il ne s'agit pas, en effet, de l'interrogatoire d'un prévenu dont on vient surprendre le secret et qu'on cherche à mettre en contradiction avec lui-même; il s'agit de faits réels à éclaircir, d'applications à discuter. Sachons donc quels sont ces faits, où sont les doutes, afin de nous mettre en mesure d'établir les faits et d'éclairer les doutes.

Que votre journal, Monsieur le Rédacteur en chef, usant de cette autorité quelquefois contestée qu'il aime à s'attribuer, veuille bien s'engager dans cette voie, je promets de l'y suivre et d'entrer avec lui, si vous me le permettez, dans une discussion qui aura cet avantage de porter, sans autre responsabilité que celle des écrivains, une lumière préalable sur des questions dont l'obscurité est aussi pénible que la plus mauvaise solution. Le *Constitutionnel* prendrait ainsi, ce me semble, une position honorable et utile pour le Gouvernement et pour lui-même.

Je me proposais de relever deux autres graves erreurs de l'article auquel je réponds ; mais ma lettre a déjà pris des proportions que je regrette, et je vous demande la permission d'ajourner mes réponses à un prochain numéro.

La gravité des réflexions auxquelles je me suis laissé entraîner me détourne, d'ailleurs, d'aborder aujourd'hui le terrain sur lequel je serai forcé de suivre le rédacteur, en faisant ressortir les étranges erreurs dans lesquelles il tombe après ceux de ses collègues qui l'ont précédé dans cette discussion.

Veuillez agréer, Monsieur le Rédacteur en chef, l'assurance de ma considération distinguée.

LÉON TALABOT,

Président du Comité des forges.

Paris, le 22 février 1860.

Monsieur le Rédacteur en chef,

Je vous prie de me permettre de vous remercier de l'obligeance avec laquelle vous avez accueilli ma lettre d'avant-hier ; après quoi je reprends ma réponse à l'article de votre journal du 21 février.

Voici les deux assertions que je tiens à relever :

1° *Il y a en France 20 millions d'hectares cultivés qui exigent en moyenne une consommation de 20 kilogrammes de fer par hectare.*

2° *En Angleterre une usine célèbre peut seule fournir certaines qualités de fers supérieurs, mais à des prix extrêmement élevés 450, 550 et jusqu'à 800 et même 900 fr., nous avons le ferme espoir que nos maîtres de forges avec leur habileté reconnue, pourront faire une concurrence sérieuse sur le marché anglais avec nos fers au bois et y trouver un débouché important.*

Je commence par répondre deux mots à cette dernière assertion qui n'est que légère, je répondrai ensuite à la première qui pourrait, comme vous le verrez, mériter une tout autre qualification.

J'ignore où votre rédacteur a puisé le ferme espoir que certains de nos maîtres de forges iront faire en Angleterre une concurrence sérieuse à l'usine de Low Moor dont il parle.

Quand donc la feront-ils? Pourquoi attendraient-ils les effets du traité de commerce? Ce traité ne change rien au régime des fers français en Angleterre. Dès lors, ce que votre rédacteur prétend qu'ils pourront faire dans l'avenir, ils auraient pu le faire dans le passé. L'ont-ils fait?

Enfin, pour éclaircir en deux mots et jusqu'au fond cette question, avons-nous en France beaucoup de fers au bois supérieurs à ceux de Suède et de Russie?

Ces fers sont la matière similaire à nos fers au bois au moyen de laquelle certains établissements, même en France, ont essayé de faire concurrence à ces fers de qualité dont on parle.

Ces fers sont à la disposition des Anglais à de bien plus faciles et meilleures conditions qu'à la nôtre et cependant ils n'ont pas fait en Angleterre une concurrence sérieuse à cette usine pour laquelle des conditions exceptionnelles ont créé une supériorité tout-à-fait remarquable.

Sur quelles données maintenant entend-on établir cette concurrence? Je ne les connais ni ne les devine, et votre collaborateur ne les connaît pas non plus.

Je l'ajourne à un an ou plus s'il le préfère, pour nous montrer les effets de cette concurrence dont il menace les établissements de Low Moor.

Et maintenant, je reviens à la première proposition.

Chacun des **20** *millions d'hectares de terres cultivées en France exige en moyenne une consommation annuelle de fer de* **28** *kilog.*

C'est là, permettez-moi de vous le dire, une énormité ; un journal sérieux comme le vôtre aurait dû peut-être y regarder, au moment surtout où une discussion sur cette matière est engagée entre vous et le *Moniteur industriel*.

J'ai vu la proposition de l'abolition du timbre des journaux en Angleterre dans l'exposé de M. Gladstone, véritable *De Profundis* de notre industrie sur les ruines de laquelle l'habile orateur financier a établi le large et national programme de sa réforme financière.

Permettez-moi de supposer que le *Constitutionnel* s'est passionné pour cette question de l'abolition du timbre des journaux. Il est certainement bien libre d'adopter cette opinion.

Supposez encore que vous ayez laissé comprendre à vos jeunes et ardents collaborateurs que vous seriez disposé à admettre quelques articles un peu vifs sur la question, et que l'un d'eux, un peu trop zélé, vienne vous apporter un article où il dise que le chancelier de l'Echiquier a cité des cas où le *Times* expédie des numéros pesant 4 à 5 livres, auriez-vous laissé passer une telle énormité? Certainement non, vous auriez fait une verte remontrance à votre jeune confrère, vous lui auriez dit qu'il a décuplé le chiffre que laisse entendre M. Gladstone, que c'est déjà un chiffre énorme, et que le décupler est ridicule, qu'il va soulever un *tolle* contre le journal, et que vous le priez de remporter son article, *son pavé*.

Cette erreur monstrueuse, que vous auriez relevée non sans quelqu'impatience, est juste dans la même proportion que celle que je signale aujourd'hui. La première aurait été relevée parce que la matière vous est familière ; la seconde ne l'a pas été, parce que la matière vous est peu connue et parce que les millions d'hectares, de tonnes, de francs, sont pour les personnes qui y sont peu habituées des quantités qui troublent un peu les idées. C'est, sur une bien moindre échelle, un peu comme les distances astronomiques.

Je ne m'étonne donc pas que cette erreur vous ait échappée, mais vous me permettrez de la signaler : elle consiste dans l'estimation de la dépense par l'agriculture de 20 kil. de fer par hectare, au lieu d'une quantité infiniment moindre.

20 kil. par hectare! Il y a longtemps que nous connaissons ce chiffre, et moi je pourrais lui donner ses divers noms, mais je m'en dispense. C'est le chiffre adopté par les libre-échangistes depuis quelques années. Dans sa primeur, il était de 40 kil.; on a reculé, on s'est réduit à 20. Aujourd'hui votre rédacteur, après avoir fixé d'une manière absolue ce chiffre à 20 kil. en disant : Chaque hectare exige 20 kil. de fer, passant à ses calculs, nous fait grâce de moitié. C'est réellement une manière par trop commode de procéder. On affirme un fait, on le met dans toutes les oreilles, dans toutes les bouches du parti; puis, comme le fait devient un embarras énorme dès qu'on veut l'employer, on jette la moitié de la cargaison à la mer et on tente de naviguer après s'être ainsi allégé.

Je crois que ce chiffre fut pour la première fois produit par un conseil général de province, et comme ce conseil général appartient, si mes souvenirs sont fidèles, à un département vinicole, je voudrais bien savoir comment le conseil général a évalué la consommation en fer de 160 hectares de vigne, et comment il est arrivé à la faire entrer dans la moyenne de 4,000 kilog. de fer pour 100 hectares.

Au surplus, j'en dirais tout autant de ceux des honorables membres de ce conseil, qui possédaient 100 hectares de terres arables et qui auraient peut-être pu loger sur le dos d'une de leurs bêtes de somme les 4,000 kil.

de fer que leur fameux vote attribuait à leurs 100 hectares de terres.

Un conseil général est parfaitement en droit et en mesure d'avoir une opinion libre-échangiste et de la proclamer. Il vote, je veux bien, en connaissance de cause ; mais quand il s'agit de formuler les motifs de son opinion, il s'abandonne à un rédacteur qui aura écrit ce qu'il lui aura plu et que le conseil aura admis les yeux fermés.

Quoi qu'il en soit, abordons ce fameux chiffre de la consommation agricole, fixée à 20 kilogrammes de fer en moyenne par hectare.

Ce que j'ai l'honneur d'affirmer avec une certitude dont vous aurez tout à l'heure vous-même la mesure, c'est que cette évaluation est le *décuple* de la réalité ; qu'enfin, cette consommation moyenne de fer de l'agriculture française est, par hectare et par an, de 2 *kilog.* de fer tout au plus, et non de 20 *kilog.*

Puisque j'affirme ce chiffre de 2 kilog. par hectare, il me paraît indispensable d'établir d'une manière nette et précise les procédés incontestables au moyen desquels je suis parvenu à le déterminer.

La question est assez importante pour mériter d'être éclaircie. Le fait comme on l'a dit très-spirituellement, a donné une fois raison au libre-échange, mais la discussion jamais.

Ici moins que jamais.

Et alors que le libre-échange triomphe, c'est bien le moins que, devant la raison publique, il nous soit permis de faire ressortir ses erreurs monstrueuses, et qui, par leur exagération même, ont pu parfois n'être pas sans exercer une certaine influence.

Il y a un peu plus de cinq ans que je fus appelé devant la Commission des douanes au Corps législatif pour lui fournir des renseignements sur la question des fers.

La Commission me demanda mon opinion sur la consommation du fer par l'agriculture, telle que la présentaient certaines publications libre-échangistes.

Je ne connaissais pas les articles dont on me parlait, et on voulut bien reproduire devant moi quelques-unes de ces étranges assertions. Je n'hésitai pas à déclarer que tout cela était absolument faux, et que, puisque la Commission devait siéger encore quelques mois, je prenais l'engagement, si la Commission me le permettait, de lui rapporter, non-seulement la preuve complète de la fausseté de ces évaluations, mais encore une étude sérieuse et complète de la question de la consommation du fer par l'agriculture.

La commission y consentit.

Je me mis donc à l'œuvre immédiatement, et j'entamai une véritable enquête complète, dont nous retrouverons tout à l'heure la marche et le résultat.

En même temps, je lus les singuliers travaux dont on m'avait parlé. Il ne me fut pas difficile de reconnaître les erreurs pour le moins étranges qu'ils contenaient, et de constater que le dédale d'erreurs, de méprises, de faux calculs était tel qu'aucun redressement n'était capable d'en rien laisser sur pied.

J'aurai l'honneur de vous présenter tout à l'heure les plus faciles à saisir et à expliquer, parmi ces curieuses aberrations dont l'école libre-échangiste a su faire des articles de foi.

Je poursuivis pendant plusieurs mois mon enquête et mes études, et, le 8 mars 1855, j'eus l'honneur de soumettre mon travail à la Commission du Corps législatif.

Je le fis imprimer immédiatement.

J'adressai le premier exemplaire au plus éminent des membres de la doctrine libre-échangiste.

Les deux suivants au recueil libre-échangiste où se trouvait le fameux article qui avait provoqué mon travail, avec prière d'en remettre un à l'auteur de cet article.

Mon premier envoi seul me valut un accusé de réception très-poli.

Mais, depuis cinq ans que cela a eu lieu, je ne sache pas que jamais la moindre discussion ait été élevée par les libre-échangistes contre mon travail.

Au surplus, il m'en reste encore quelques exemplaires, et je serai heureux de les mettre à la disposition de ceux de messieurs vos collaborateurs qui me feraient l'honneur de m'en adresser la demande.

Je vais maintenant, ainsi que je vous l'ai annoncé tout à l'heure, vous indiquer la marche et les résultats de cette sérieuse étude ; mais auparavant, permettez-moi de vous dire un mot qui ne sera pas hors de propos sur une seconde note que je remettais en même temps à la Commission du Corps législatif.

Cette seconde note avait pour objet de discuter les effets d'une mesure qui menaçait depuis longtemps l'industrie française, je veux parler de l'introduction en franchise de tous les objets nécessaires aux constructions navales.

Les partisans de la mesure, armés de tous les éléments nécessaires pour en préciser les effets, estimaient à 9,344 fr. 90 c. pour un navire de 300 tonneaux coûtant 100,000 fr. la charge que le tarif imposait à notre marine marchande.

De mon côté, réduit à mes seules appréciations, j'estimais cette charge et conséquemment le bénéfice que devait produire au constructeur la suppression du tarif à la somme de 3,431 fr. pour le même navire.

L'expérience a été faite, et voici comment elle a jugé les deux appréciations.

Je commence par reconnaître que si la Commission et le Corps législatif ont bien voulu accueillir mes observations ; il n'en a pas été de même ailleurs. Je n'oserais même pas affirmer qu'elles aient été lues.

Quoi qu'il en soit, le 17 octobre 1855 un décret de l'Empereur autorisa temporairement l'introduction en franchise des matières nécessaires aux constructions navales. L'épreuve a duré jusqu'au 18 octobre 1858, jour où l'Empereur a fait cesser les effets du décret.

Quelques jours avant cette échéance fatale, M. le ministre du commerce, avec cette promptitude d'esprit et cette vivacité d'intelligence que personne ne saurait lui contester, entama une enquête dans laquelle nous figurâmes et défilâmes. Le ministre prit son parti ; mais l'Empereur, de son côté, avait pris le sien, et la franchise des matières nécessaires aux constructions navales fut supprimée.

Mais dans le cours de cette enquête j'ai eu communication d'un document qui présente un résultat très-instructif, et que je vous demande la permission de vous mettre sous les yeux.

Un des constructeurs qui avaient naturellement attaché le plus d'intérêt et d'espérance à l'affranchissement des matières nécessaires aux constructions navales, M. Arman, rend compte au préfet de la Gironde, à la date du 10 septembre, de l'économie que la franchise introduite par le décret du 17 octobre 1855 a produite dans ses constructions.

Voici les résultats auxquels il arrive sur une valeur totale de 5,079,500 fr., prix de construction de dix-sept navires. La réduction résultant des décrets de 1855 a été de 184,319 fr. 43 c., exactement 3.62 *pour cent.*

Que promettaient les libre-échangistes ?

9.34 pour cent.

A quoi réduisais-je cette évaluation ?

A 3.43 pour cent.

Et maintenant, je vous le demande, qui d'eux ou de nous avait raison ?

Ils ont eu la force de faire tenter l'expérience, mais ils n'ont pas eu le pouvoir d'en faire fléchir les résultats.

Pourquoi les événements leur ont-ils donné tort et m'ont-il donné raison? c'est que, abordant les questions avec une opinion toute faite à l'avance, ils ne cherchent dans leur étude que des arguments pour la soutenir, tandis que, de mon côté, je n'ai jamais cherché qu'à déduire de faits réels et bien constatés des conséquences que la raison appuie et que l'expérience doit sanctionner.

Revenons à la consommation du fer par l'agriculture ; voici comment je dus renverser tous les travaux libre-échangistes sur la matière.

1° Sur 20 millions d'hectares cultivés, 20 kilog. de fer par hectare et par an c'est 400,000,000 kilog. de fer par an. Suivez bien les quantités, je vous prie. Eh ! bien, la dernière moyenne quinquennale de la production française de fer insérée au *Moniteur*, au moment même où j'écrivais, était de 264 millions de kilog.

Ainsi, d'après ces messieurs, l'agriculture française aurait consommé à elle seule une fois et demie l'intégralité de fer produit par toute la France, sous toutes les formes et pour tous usages.

Inclinons-nous pour laisser passer respectueusement une telle assertion.

2° Ils disaient : Pendant les vingt-huit années de 1822 à 1850, les maîtres de forges ont, à *l'ombre de la taxe doua-nière, prélevé sur l'industrie et l'agriculture française la somme énorme de 2,110,740,704 fr. 48 c , soit une moyenne annuelle de......* (après quelques légères additions) de 78,095,401 fr.

Voilà, j'espère, de jolis chiffres, bien respectables, mais qu'il est permis de discuter cependant.

Je n'y veux reprendre que ceux-ci : les milliards ci-dessus répondant à une production en vingt-huit ans, d'après ces messieurs eux-mêmes, de 6,003,172,500 kil., les 2,110 millions de francs *prélevés dans l'ombre* font un peu plus de 35 fr. par 100 kil. appliqués à toute cette production. Mais à quel prix les forges ont-elles, pendant ces vingt-huit ans, vendu leur fer? A un prix inférieur à 35 fr., cela est certain.

Admettons le prix de 35 fr.

A ce prix les forges ont effectivement reçu de l'industrie et de l'agriculture en vingt-huit ans cette somme énorme de 2,110 millions, sur laquelle elles ont dû recevoir sans doute une portion quelconque pour légitime rétribution, en même temps qu'une autre part prélevée *à l'ombre de la taxe douanière.*

C'est cette seconde part inconnue que les libre-échangistes estiment à 2,110 millions, réduisant ainsi à zéro absolument la valeur légitime du fer produit pendant ces vingt-huit ans.

Que dites-vous de cela, Monsieur le Rédacteur en chef, et que direz-vous si j'ajoute que les chefs de l'école, au lieu d'avertir leurs trop ardents élèves de l'imprudence et de la fausseté de leurs calculs, font un pompeux éloge de ces singuliers travaux et les qualifiant de *déductions exactes tirées par la voie d'une analyse rigoureuse de calculs établis sur des recherches précises et d'un rare intérêt?* Ce sera vous dire, Monsieur, que la couleur libre-échangiste n'est pas une garantie d'exactitude, et que l'approbation même des maîtres ne donne pas une grande valeur aux travaux de leurs élèves.

3° Cherchant à calculer le droit d'entrée qu'auraient payé en entrant en France, pour y être consommés, les 2,189,000 quintaux métriques, production moyenne de la France pendant ces vingt-huit années, afin, bien entendu, de mettre en entier ce droit à la charge des forges, comme si l'agriculture et l'industrie l'avaient payé, voici ce que font ces messieurs :

D'abord, ils appliquent à la fonte et au fer des droits tout-à-fait différents des droits réels, ce qui ne vaut guère la peine d'être relevé. Mais voici qui est plus curieux, et que je recommande, Monsieur, à toute votre attention.

Le fer consommé représente, nous venons de le voir tout à l'heure, une quantité totale annuelle de 2,189,000 quintaux métriques. En même temps on constate une production en France de 3,180,000 quintaux métriques de fonte, dont près de 3 millions de quintaux ont été transformés dans les 2,189,000 quintaux de fer.

Que font MM. les libre-échangistes ? Ils font payer le droit aux 3,180,000 quintaux métriques de fonte, et ensuite aux 2,189,000 quintaux de fer.

Absolument comme si la douane voulait, après avoir fait payer le droit d'entrée sur un tissu, réclamer encore le droit sur les fils qui sont entrés dans sa confection. J'en ai encore d'autres, et des meilleures, à vous signaler ; mais il me semble que j'en ai dit assez pour établir qu'aucune rectification de pareils documents n'était possible, et que je devais reprendre la question à nouveau ; et cependant il faut encore que j'établisse, par un exemple, avec quelle rigueur scientifique étaient établies les bases de la consommation du fer par l'agriculture.

4° Pour établir la moyenne de cette consommation en France, ces messieurs ont choisi trois établissements agricoles. Ils ont supputé à leur manière la consommation du fer par hectare dans chacune des trois exploitations, et ils en ont ensuite déduit la fameuse moyenne de 20 kil. par hectare.

Je discuterais volontiers le choix et l'applicabilité de ces trois exemples et la nécessité d'écarter certains d'entre eux, à cause de quelques éléments ou conditions tout-à-fait exceptionnels qu'ils présentent, mais je sens la nécessité d'abréger.

Je me contente de vous signaler ceci : l'une de ces trois exploitations présente, pour le seul ferrage des chevaux, une consommation de 10 *kilog. par hectare.*

En sorte que si on évaluait sur le même pied la consommation des 20 millions d'hectares de terres arables de la France, on arriverait à une consommation annuelle de fer, pour le seul ferrage des chevaux de culture, de 20 millions de fois 10 kil., c'est-à-dire de 2 millions de quintaux métriques ; en sorte qu'il résulterait de là que toutes les forges françaises ayant produit, en moyenne, 2,189,000 quintaux métriques, auraient eu de la peine à fournir à l'agriculture française les seuls fers de ses chevaux.

Je vous le demande, Monsieur le Rédacteur, que voudriez-vous que j'eusse pu faire de tels documents ? Je n'ai donc pu que les écarter entièrement et aborder directement et en face la question de la consommation du fer par l'agriculture.

Voici le plus brièvement possible comment j'ai procédé. J'ai abordé la question par son grand côté.

J'ai pris toutes les terres arables de la France et je les ai divisées ainsi :

1° Cultures riches, 17 départements, 4,159,000 hectares produisant en moyenne 17 hectolitres 57 de blé.

2° Cultures moyennes, 20 départements, 4,286,000 hectares produisant en moyenne 13 hectolitres 12 ;

3° Cultures pauvres, 49 départements, 10,962,000 hectares produisant en moyenne 10 hectolitres 02 ;

Total : 86 départements, 19,207,000 hectares.

Production moyenne : 12 hectol. 35 de blé.

Les états officiels présentent :

86 départements, 19,314,000.

Produit moyen, 12 hectol. 45.

J'ai bien vite reconnu que la presque totalité des 10,762,000 hectares de cultures pauvres est cultivée par les bœufs et que c'est là que la consommation de fer est la moindre, qu'au contraire 4,159,000 hectares de cultures riches présentent la plus forte consommation de fer et que ce qu'il s'agissait pour moi d'établir, c'étaient ces deux consommations extrêmes.

C'est ce que j'ai fait avec le plus grand soin et la plus grande exactitude.

Mon enquête sur la première partie de la consommation a porté sur 12,000 hectares, sur plus de 300 domaines, métairies ou fermes ; j'ai produit les déclarations de plus de 50 propriétaires les plus avancés dans la pauvre culture de nos départements du centre.

J'ai soumis tous ces éléments à la commission et il en est résulté la constation d'un maximum de consommation de fer de 1 kilog. 497 par hectare — disons 1 kilog. 500.

J'ai adjuré mon ancien et très-honorable collègue et compatriote libre-échangiste de vérifier par lui-même ces déclarations et de rappeler ses souvenirs d'enfance pour apprécier quelles quantités de fer peut consommer l'agriculture des départements du centre.

Quant aux départements à cultures riches, Nord, Pas-de-Calais, Haut-Rhin, Seine-et-Oise, etc., etc., j'ai recueilli également les déclarations les plus concluantes, et, de plus, étudiant directement la question en partant de l'unité charrue attelage de 3 chevaux et suffisant à 40 hectares.

Divisant la consommation du fer en :

Ferrage des chevaux,

Entretien des instruments aratoires, outils et véhicules,

Leur renouvellement,

Je suis arrivé à établir, pour cette région, une consommation normale moyenne de 120 kilog. par charrue, 3 kil. par hectare.

Restait la région à production moyenne. Il n'était pas difficile d'admettre qu'une consommation moyenne devait répondre à cette production moyenne, et j'ai adopté le chiffre de 2 kilog. 25 par hectare.

Il m'est resté à établir la moyenne pour toute la France, et je suis arrivé à 2 kilog. comme chiffre maximum de la consommation normale moyenne des 19,340,000 hectares de terres arables de la France.

C'est cette consommation de 2 kilog par hectare que j'affirme comme négation absolue de la formule libre-échangiste de 20 kilog. par hectare, et comme le seul résultat qui ait été, à ma connaissance, produit jusqu'ici à la suite d'une étude sérieuse.

La consommation totale de l'agriculture française se trouve ainsi portée à 39,680,000 kilog. C'est bien peu, sans doute, à côté des 400,000,000 kilog. que votre rédacteur, du 21 de ce mois, réduisait à 200,000,000, avec une générosité dont je ne lui ai témoigné aucune reconnaissance. C'est bien peu, mais c'est assez, il est même probable que c'est trop et je n'ai trouvé aucune personne engagée, sur une échelle un peu large, dans la fabrication du fer, qui se soit décidée à évaluer à 1/5 ou 1/6 de sa fabrication les fers définitivement employés par l'agriculture.

Si quelqu'un veut entreprendre de renverser mes calculs comme j'ai fait de ceux qui ont préparé et suivi l'établissement du chiffre de 20 kilog. par hectare, je suis prêt à en soutenir la discussion.

Si surtout un ami éclairé et sincère de la vérité voulait bien examiner, revoir, critiquer mon travail, y proposer les rectifications qu'une contradiction loyale et bienveillante peut presque toujours apporter utilement à un travail sérieux et difficile, je suis prêt à les discuter et à les admettre.

Ma lettre est déjà trop longue, Monsieur le Rédacteur en chef, mais je ne puis pas la finir sans vous remercier de l'obligeance avec laquelle vous avez bien voulu donner place dans votre journal à mes deux lettres précédentes, et, je l'espère aussi, à la présente.

Si le caractère un peu trop sérieux de cette correspondance peut être peu agréable à quelques-uns de vos lecteurs, il en est un grand nombre qui verront avec plaisir des questions industrielles aussi importantes traitées d'une manière complète et avec quelque étendue.

Veuillez agréer, Monsieur le Rédacteur en chef, l'assurance de ma considération la plus distinguée.

LÉON TALABOT,
Président du Comité des Forges.

Paris, le 25 février 1860.

Imp. de A. Guyot et Scribe, rue Neuve-des-Mathurins, 18.